DAMIANO MARTORELLI

Le 4 Stagioni del Cuore

Prima Edizione:
10 Agosto 2013

Terza Edizione:
02 Gennaio 2014

Edizione speciale per la Biennale della Creatività in Italia 2014.

Impaginazione e layout:

DM Services & Consulting®
http://www.dm-services.eu

ISBN: 978-88-91129-94-9

Youcanprint *Self-Publishing*
Via Roma, 73 - 73039 Tricase (LE) - Italy
www.youcanprint.it
info@youcanprint.it
Facebook: facebook.com/youcanprint.it
Twitter: twitter.com/youcanprintit

*Alla pia memoria dei miei nonni
materni e paterni tutti*

Damiano Martorelli

Sommario

PREFAZIONE DELL'AUTORE 7

UNA NOTTE D'INVERNO 11

ERA UN ALPINO 16

X GENNAIO 23

O ROZA DRAGOSTEI 28

CARA MAMMA… 30

MIMOSE 33

PICCOLA STELLA 34

RICCIOLI D'ORO 39

SULLE ALI DEL VENTO 42

MARIANA 44

IL SUSSURRO DELLA DORNA 47

LA ROSA E IL GIGLIO 50

LA VOCE DEI FIORI 56

STELLA ALPINA 58

AQUILE DEL LAGORAI 62

TIMORE E MISTERO 65

SULLE RIVE DELL'ISARCO 68

PENSIERI DAI CARPAZI 72

Goccia di Drago...76

La Sibilla bianca 79

Le campane di San Martino...82

L'unione fa la forza 87

Arcobaleno 90

Grande Capo Bianco 94

Ognissanti 97

Mos Craciun 101

Buon Natale 103

Note biografiche...106

Prefazione dell'Autore

Caro Lettore

il presente volumetto è la raccolta di alcuni dei molti componimenti in versi da me scritti a partire dal 1990. Nati in prima istanza come esperimenti durante i miei studi classici al Liceo Prati di Trento (TN), questi componimenti in versi si sono poi evoluti negli anni, sperimentando stili e registri diversi, secondo la circostanza. Solo una piccola parte (circa il 20%) dei molti scritti è però rimasta in mio possesso, essendo io più avvezzo a scrivere, spesso di getto, per l'occasione o su richiesta, che a farne una raccolta pensata per la pubblicazione. Questa prima edizione a stampa raccoglie dunque materiale inedito recuperato da vari manoscritti ed appunti dei vari anni.

All'inizio, lo scopo di questo progetto era sia preservare quanto recuperato, sia farne dono, da *gentiluomo*, ad una ragazza a me molto cara; titolo del volume e ordinamento dei componimenti avevano molti più significati, anche intimi. Purtroppo, gli eventi della vita non sempre riflettono i propri desideri, progetti e sogni; ed anche i comportamenti delle persone non sono sempre prevedibili né spiegabili razionalmente. Così, dopo che la destinataria, inaspettatamente, mi ha ferito nei sentimenti, l'intero *corpus* è stato rimodellato nella versione finale, e definitiva, che ora tu, Lettore, hai in mano.

Il progetto è dedicato ora ai miei nonni paterni e materni, venuti a mancare da tempo, i quali spero sapranno apprezzarlo, dovunque essi siano Lassù. Tutti i componimenti sono stati ora riordinati in modo che la sequenza si apre idealmente con il Natale, tempo di rinascita morale e spirituale, e si chiude di nuovo con il Natale. Inoltre, nell'ordinamento si è ignorato l'anno di composizione, e si è invece selezionato il mese di composizione, alternando componimenti più vivaci con quelli più impegnati, in modo da dare un giusto andamento di *variatio* che non ne appesantisca la lettura. Ogni componimento è poi brevemente accompagnato da una sezione denominata *Nota al Testo*, che lo contestualizza al fine di renderne più chiara l'occasione e/o il contenuto, e per aiutare nella lettura, fornendo così spunti per la chiave di lettura dello stesso, che non è mai unica e univoca.

Unica eccezione parziale, i sei componimenti dedicati all'originale «*destinataria*»: questi sono stati raggruppati nel cosiddetto *Ciclo dei fiumi*, che inizia a Vatra Dornei (nella a me tanto cara Romania) con *Il sussurro della Dorna*, e si conclude con un settimo componimento (inedito), *Sulle rive dell'Isarco*, che chiude mesto il ciclo. Per ossequio alla privacy, ma anche per una sottile, ma meditata, *damnatio memoriae*, è stato soppresso ogni riferimento all'originale destinataria.

Il titolo del progetto, preservato e fatto scevro di altri riferimenti non più attuali, si ispira *tout court* al ciclo continuo delle Stagioni: la vita, come ho personalmente sperimentato, è un ciclo continuo di sentimenti, emozioni, sensazioni e di eventi piacevoli e spiacevoli, che si susseguono senza posa come il mutare della Natura nelle stagioni metereologiche; un'ispirazione mi è stata anche data dal ciclo dei mesi della Torre Augusta del Castello del Buonconsiglio di Trento, da me visitato più volte, e che ancora mi affascina per la sua straordinaria resa grafica.

I vari componimenti in versi non hanno quindi alcuna pretesa di letterarietà, né di competere con altri autori di Poesia: non a caso uso la dizione "componimenti in versi", e non "poesia", per identificarli, perché mi sembra il secondo un termine troppo altisonante per questi frutti della mia mente, che vogliono solo fissare e trasmettere in forma di versi l'intimo sincero del mio cuore, nel modo più spontaneo possibile: anche perché in versi riesco ad esprimere con scioltezza emozioni che in prosa non ho modo (forse per una barriera psicologica mia) di trasmettere con altrettanta spontaneità e schiettezza.

Ringraziando fin d'ora te, Lettore, per la pazienza che dimostrerai nel leggere questo volumetto, ti auguro che la lettura ti sia agevole e gradita.

Damiano Martorelli , Trento, lì 31/07/2013

I

Una notte d'inverno

il cavallo possente

terreo ansimante,

lento affondando

gli zoccoli bigi

nel soffice manto, 15

che maestoso

troneggia

su monti e valli.

Cigola cigola

il legno vetusto 20

sotto il greve fardello

dell'ansia d'un cuore;

pallido in volto

è il giovin pastore,

che sprona la slitta 25

verso il nido

d'amore.

Fioca fioca

e là, nella notte

qual stella 30

12

lontana

una luce:

tra i rami

di pino silvestre

gioca e si cela   35

agli avidi

occhi,

mentre lenta

s'appressa

la meta.   40

Eccolo! Eccolo!

Un grido s'accende

sull'uscio

al chiaro di Luna:

un'amica felice   45

ed un baffuto dottore

il giovane accolgono;

e seco conducono

nella piccola casa

al dolce tepore.   50

E là, sul duro giaciglio

presso il fuoco

schioccante

gioiosa l'attende

la giovane sposa,   55

novella madre,

a sè stringendo

il frutto

d'Amore.

S'accosta in ginocchio   60

alla donna il pastore,

gli occhi lucenti,

timido il sorriso.

Tacita a parte

l'amica si trae,   65

commossa mirando,

col canuto dottore,

il nobile quadro

che dianzi le appare:

Maria e Giuseppe   70

col Bambino Gesù.

NOTA AL TESTO

Il componimento è stato scritto nel Dicembre 1997, in dedica ad alcuni compagni di corso della Facoltà di Ingegneria di Mesiano (TN) per il Natale.

II

Era un Alpino

Nella notte dei Magi

tra i monti imbiancati

un colpo di tosse

un uomo percosse.

Era un Alpino: 5

coi baffi canuti

al colpo di Morte

il cuore lasciò.

Invan la consorte

per nome chiamò: 10

tra braccia di figlio

mosse flebile il ciglio

e sul letto si giacque.

Poi tutto si tacque.

Nella notte d'inverno   15

la neve all'intorno

ondeggiava silente.

A casa con la mente

il giovane Alpino

pensava ogni giorno.   20

I baffi sottili

neri e tremanti

al freddo di Morte

laggiù in trincea.

Strinse occhi e pastrano   25

col fucile alla mano,

e nel fango si giacque.

Poi tutto si tacque.

Col greve messaggio

una fredda campana   30

tutti riscosse:

tre bronzei rintocchi

di morte

pel mite Alpino

che in giorno di festa   35

il mondo lasciò:

e un piccol nipote,

che di tanti balocchi

e saggezza

orbo restò.   40

Strinse fredda del sonno

eterno la mano del nonno;

le lacrime fitte ai bordi

del fiume di tanti ricordi.

Un sibilo forte: 45

luce grida spari.

Nell'aria lame di fari

accendon la notte.

Sveglia d'Alpino!

Si desta alla guerra: 50

un compagno cade

nel bianco compatto:

stramazza a terra,

lo sguardo disfatto.
S'arresta lo scontro furioso 55
ch'arrossa il manto nevoso:
gli occhi chiude pietosa
mano che pianger non osa.

Or quella mano
per sempre immota 60
fredda composta giace :
il nipote Damiano
coll'anima vuota
più non si dà pace.
A lui il fardello di croce 65
che lignea riporta la voce
dell'uomo grande che fu,
che or per lui non è più.

In testa al corteo
apre la fila solenne 70
col tristo trofeo
nel bianco perenne.
Il Cielo pietoso di neve

piange l'Alpino che fu:

un farfallar fitto e lieve. 75

Lento il passo, orsù

o nobili camerati,

che greve fardello portate:

cappelli di nero piumati,

e petto solenne, avanzate. 80

S'intona il Silenzio

nel silenzio ovattato

dell'eterno riposo:

un'ultima mano

benedice la tomba 85

dove lenta si cala

la bara d'Alpino.

Muove terra la pala,

s'accende il lumino:

ultimi atti d'amore 90

per un uomo d'onore.

Piange la donna

il suo sposo eterno;

consola la nonna

il nipote materno.   95

Si pianta la croce,

s'ammaina bandiera,

e tutto si tace:

ormai è la sera.

Il candido manto   100

si stende d'incanto

e copre i suoi passi.

Nel Ciel sull'attenti

le penne sorridenti

accolgon l'Alpino   105

compagno che fu:

un bicchiere di vino,

è già festa lassù.

Nota al Testo

Il componimento è stato scritto di getto il 05/01/2010, nel 25° anniversario della morte del nonno materno Cecco Giovanni, a cui l'Autore era particolarmente legato.

Il componimento autobiografico si sviluppa come ricordo del momento in cui l'Autore, allora giovinetto di 13 anni, viene a sapere della morte del nonno (strofe 1, 3 e 5), intervallato al ricordo di uno dei tanti racconti di guerra narratigli dallo stesso (strofe 2 e 4); e si sviluppa poi il ricordo del funerale, dove allo steso Autore spetta l'ingrato compito di aprire il corteo funebre recando la croce di legno (vv. 65-72) che sarà posta a segnacolo sulla nuova tomba.

III

X Gennaio

Nel silenzio ovattato

d'un freddo mattino

van pie donne,

tacite e lente,

alla Casa del Signore   5

per ascoltare

la Lieta Novella,

curve sotto il peso

del nero scialle

e degli anni.   10

Avanzano a gruppi

negli stretti viali

odorosi di resina

e splendenti ancor

dei fasti   15

del recente Natale;

quand'ecco,

come d'incanto,

a lor s'unisce

una fanciulla   20

graziosa e silente.

Ondeggia

fulvo

il suo crine,

nell'aere cristallino   25

di soavi farfalle,

che danzando,

candide e liete,

raddolciscono

i metallici rintocchi   30

della Marinella.

Don! Don! Don!

"Gioisci, o Cielo!"
par d'un tratto cantar
la bronzea Campana,   35
"Ecco che arriva
l'Angelico frutto,
il cui avvento
in questa Terra
oggi si ricorda."   40

Don! Don! Don!

Solo orecchio celeste
può udir
la dolce melodia
che invita, festosa   45
Madre Natura
a stender, solerte,
il bianco
tappeto d'onor
dinanzi la giovin   50

creatura.

E la fanciulla,

grata dipingendo

sulle rosse labbra

un tenero sorriso,   55

con la mano

delicata

scuote dal crine

i limpidi diamanti

in cui la sua   60

Angelica natura,

a solo contatto,

sembra mutar

i leggeri fiocchi

di neve.   65

NOTA AL TESTO

Scritta in un paio di giorni di lavoro e completata per il giorno 10/01/1995, per il compleanno della compagna di studi universitari Micaela T., in segno di gratitudine per il prezioso lavoro di collaborazione.

IV

O roza dragostei

A inceput luna dragostei

pentru toate fetele si femei

Creste o roza pentru fiecare

cadou dulce si mare

Animele dragostei bogate

straluc mult de bunatate;

sint frumoase ca o stea pe cer

fiecare astru-i suflet sincer.

Traduzione:
Una rosa d'amore

NOTA AL TESTO

Scritta in rumeno a inizio Febbraio 2008 in dedica per la festa di S.Valentino.

V

Cara mamma...

Una lettera oggi madre ti scrivo,
breve saluto in forma di canto:
da quando lontano da te io qui vivo
il tuo sorriso manca così tanto.

Un picciol e sudato intimo nido   5
mi son con pazienza ora creato;
ma nel mondo tumultuoso e infido
io sono purtroppo giovane nato.

Forse tu sei di me ora delusa,
a nulla m'é valso tanto sapere: 10

grande forza mi avevi tu infusa,
m'amor non vale per donne insincere.

Duole al mio cuore vivo l'inganno
e forte mi pesa la cupa menzogna,
si scopre inutile ogni affanno   15
e rischi onore e pubblica gogna.

Ho dato sempre con tutto il cuore,
per onestà e fare duplice bene;
ma negli affari ed anche in amore
sono di più lupi, volpi e iene.   20

Ma del tuo amor ho viva certezza,
m'hai dato una vita e sapienza;
conserva di me la pia allegrezza
d'un bimbo avido dell'esperienza.

E in questo giorno a te dedicato   25
accetta in dono l'umil mio canto,
augurio sincero e meditato
per donna inimitabile, vero vanto.

NOTA AL TESTO

Questo componimento è stato scritto per la festa della donna in dedica alla propria madre il giorno 8/3/2000, durante il periodo di residenza per lavoro a Carugate (MI). La poesia, autobiografica, accenna alcuni momenti di scoramento per alcuni scacchi subiti dall'Autore sia a livello professionale che sentimentale.

VI

Mimose

Un giallo fiore

due rossi cuori

un verde amore.

NOTA AL TESTO

Scritta il giorno 8/3/1991 su richiesta di un amico come dedica, da accompagnarsi ad un mazzo di mimose, per una ragazza di cui l'amico era invaghito.

VII

Piccola stella

Vidi un sorriso là sul foglio

sguardo puro di piccola stella:

orror che ora dirvi non voglio

mi strinse cuor in angusta cella.

Quel che doveva esser lieto   5

giorno si volse in cupo dramma;

lessi in un mattino a me quieto

e si spense in me la fiamma.

Per due lunghi giorni d'affanno

in vana ricerca e in speme,   10

si volse poi al tristo danno,

spento il giovane piccol seme.

Fatal fu il giovanil error,

ludica mano in fallo caduta:

e memoria mi crebbe in cuor   15

di quand'io rischiai la vita.

Non fu per gioco né per un dolo

ma in cerca di funghi porcini;

fui ad un passo dal tristo volo

e non ebbi anch'io vicini.   20

Ricordo ancor in me l'angoscia

la mano all'esile pino stretta,

il vuoto sotto la mia coscia,

infido, che altro non aspetta.

La terra cedeva, io con essa: 25

lo sento ancor nei sogni bui,

giù mi tirava, mai indefessa:

mano opposta al bivio che fui.

M'offerse radice il soccorso,

di questo in casa nulla si disse:					30

né seppe madre il pericol corso,

fardello solo a chi sopravvisse.

Piccola stella nel vuoto caduta

ora nel mio pensier mi fingo

l'angoscia intensa ch'hai conosciuta:					35

esperto qual son, al dolor m'intingo.

Non radice né roccia si offerse

al piccol piede o candida mano;

lacrime vive non ho ancor terse:

a Morte consolar è sempre vano.					40

Suol uomo ad ogni stella cadente

un desiderio o canto legare:

non altro voler in questo frangente

i cari ancor poter abbracciare.

Fato avverso ha altro decretato:					45

piccola Laura, or stella vera

dal Cielo brilli da ogni lato,

ti fai mirar nella notte nera.

Riposa in pace, o piccola stella,

veglia sui cari che hai amato,   *50*

nei cuori sorridente e bella

in eterno, nel Ciel sconfinato.

NOTA AL TESTO

Questo componimento è stato scritto il giorno 28/04/2013, in memoria della piccola Laura Winkler, morta a 13 anni per un tragico incidente ad Anterselva (BZ).

La drammatica vicenda, di cui ampia eco è stata data sui quotidiani locali dell'Alto Adige, ricorda infatti all'Autore un'analoga esperienza vissuta molti anni prima, al tempo del Liceo, mentre andando a funghi si era addentrato in una zona di montagna poco conosciuta, e per un errore di valutazione, aveva rischiato a sua volta di precipitare in un dirupo. Un'esperienza di cui l'Autore, che ne è rimasto molto segnato, non ne parlò mai con nessuno, né in casa né con amici.

VIII

Riccioli d'oro

Le piccole mani giunte,

la vocina dolce dolce

che lenta pronuncia

la preghiera serale,

mentre la mamma

silente   5

la culla prepara

per il suo piccolo amore.

Ecco. D'un balzo

è già sotto

le fresche lenzuola;   10

le dita materne

s'intrecciano

calde

coi riccioli d'oro,

mentre un bacio   15

solenne

sul candido viso

rosso s'imprime.

Dolce s'intona

l'angelico canto   20

di un'antica

ninna nanna,

mentre su su

nel cielo infinito

una piccola stella   25

d'un tratto risplende

e più viva sfavilla.

"Dormi serena,

o bimba 'sì bella"

par proferir   30

la nobile stella,

mentre gli occhi

lucenti

si chiudono stanchi,

e la piccola mano   35

ancor stretta trattiene

il suo Angel Custode.

Nota al Testo

Scritta il giorno 15/05/1996 in omaggio per il compleanno dell'amica Naika T., dai bei capelli biondi e molto amata dalla madre Angela.

IX

Sulle ali del vento

Vibra nell'aria di primavera

battito d'ali di vita leggera,

chiazza cromata dalla natura:

vita breve, armoniosa e pura.

Vorrei su quest'ali intinger penna   5

firmar messaggio di cuore sincero,

mentre il vento leggiadro si tentenna

e s'adegua il mio canto davvero.

Piccolo Hermes d'avìto lignaggio

parti solerte per il tuo viaggio,   10

vola diretta col lieto fardello,

vinci coll'ali il vento novello.

Magico inchiostro ora t'adorna

linea e punto son codice alato.

Corri veloce, trasmetti e torna,   15

già conosci a chi va consegnato.

Batte le ali in segno d'assenso,

si volta e studia il vento col senso:

spicca il balzo dalla mia spalla

adempie al dover nobil farfalla.   20

NOTA AL TESTO

Scritta il giorno 15/05/2013 in dedica per il compleanno di una stimata collega di lavoro, in accompagnamento ad un regalo a tema pertinente (una spilla a forma di farfalla).

X

Mariana

Libera tu corri nel verde prato
gli occhi dei bimbi tutti tuoi;
su e giu vai anche sul selciato,
osservano tutti cosa vuoi.

Com'io un tempo spensierata sei   5
quando sui prati io m'allietavo
col piccol cane dei nonni miei,
e del mondo ancora non mi curavo.

Beata innocenza tu mi rammenti,
natura e cielo eran mio mondo,   10

tra tagli di fieno e tante sementi
di maso in maso giravo in tondo.

Mariana, su per rami tu t'involi,
regioni da me sempre inesplorate;
ogni corteccia vale come pioli,   15
giammai le ho per timore scalate.

Ti sporgi ora con quell'aria furba
ammiri tutto dall'alto silenziosa,
degli stupiti astanti nulla ti turba,
ma attenta sei a traccia preziosa.   20

Fidato uomo lento si avvicina
batte sul legno una piccola noce:
tu svelta ti volti, scoiattolina,
insensibil non sei a quella voce.

Mariana chiamano tante voci,   25
tanti bimbi festanti al tuo arrivo:
ma tu ora ti curi solo delle noci,
t'immortalo anch'io sempre dal vivo.

Natura benigna mi ha qui concesso

un altro spettacolo di vita pura,   30

tu tranquilla la noce che hanno messo

cogli d'amica mano senza paura.

Mariana, tu spensierata vivi,

e ancora ti rivedo là nel prato

di Vatra Dornei tra monti e clivi,   35

dove un po' bimbo sono ritornato.

Nota al Testo

Scritto a Maggio 2012, durante il soggiorno per turismo a Vatra Dornei (Jud. Suceava, Romania), il componimento riporta l'esperienza inusuale di una scoiattolina, chiamata da tutti Mariana, nel locale parco al centro di Vatra, che senza paura si avvicina ai passanti per raccogliere dalle loro mani le noccioline.

XI

Il sussurro della Dorna

Racconta e ascolta storie in viaggio
la Dorna che lenta il suo corso bagna;
sbocciano fiori al tepore di maggio,
vita e colori nuovi Vatra guadagna.

M'attardo io al bordo di un ponte,   5
testimone silente del paesaggio;
ascolto vociare di persone pronte,
un sibilo annuncia un nuovo passaggio.

Lento il treno lascia il binario,
avanza nel borgo tra ali di folla: 10

tra vecchi e giovani non fa divario,

il mio sguardo attento la scena incolla.

Due occhi sporgon da un finestrino,

trasale il cuore al falso miraggio:

di Lei mi rimembra ora Destino,   *15*

mentre albergo lontano in questo maggio.

L'acqua lenta raccoglie il mio stupore

e reca conforto a chi non chiede;

sentimento muove il cuore all'azzardo,   *25*

ma l'anima bella lontano risiede.

Racconto alla Dorna il mio pensiero,

pur se di Daci figlio non sono:

lei sussurra al cuore sincero,

incoraggia col materno suo suono.   *30*

Composto a Maggio 2012, durante il soggiorno per turismo a Vatra Dornei (Jud. Suceava, Romania), il componimento ripercorre un piccolo equivoco occorso una mattina, mentre l'Autore osserva il panorama sul ponte vicino alla stazione dei treni di Vatra Dornei. Mentre osserva il treno che sta partendo, gli sembra di riconoscere su di esso una ragazza (vv. 13-16) italiana, ma è solo un equivoco dovuto alla somiglianza (vv. 25-26): è il momento in cui l'Autore si rende conto di esserne innamorato. Questa è la prima poesia del "Ciclo dei fiumi", che si conclude col componimento XVII "Sulle rive dell'Isarco".

XII

La Rosa e il Giglio

Su ali leggere intingo io penna,

mentre affido a farfalla il peso

di storia vera che ora s'accenna,

perché il pensiero sia inteso.

C'era una volta la giovane Rosa   5

che in un campo straniero dimora.

Un giorno d'inverno volse il sorriso,

petali immensi, acceso il suo viso.

Vibrò l'animo d'un timido Giglio,

come di chi a tal vista rincuora,   10

d'un obliato e inatteso tremore:
d'improvviso Lei ne carpì il cuore.

Quegl'occhi profondi, l'anima giocosa:
ma straniera mano tiene la Rosa,
rispetto onora il docile Giglio: 15
mesi amari e silenziosi nel cuore.

Ma Fato dispone fatti insperati,
per animi da lungo tempo provati.
Ecco il Sole, giunge la primavera,
si dissolve la neve, calda è la sera.   20

I petali nuovi la Rosa distende
e torna sola alle native tende.
Immerita mano che anni la colse
nel tenero cuore troppo la dolse.

Piccola Rosa incline al pianto   25
sola si vede e sente come d'incanto:
presente e futuro paiono incerti,
a poco valgono amici solerti.

Di poco si nutre l'umile cuore

naufrago timoroso in tempesta.   30

Ma a consolar puoi stare per ore,

Rosa non vede né gioia né festa.

Troppo è dolore e delusione

d'anima sincera e diamante puro:

ma guarda or errata direzione   35

solo nel passato, mai al futuro.

Pesano gli anni trascorsi invano,

ma ciò che è stato guardare è vano:

la Vita attende a nuove imprese,

reca altri fasti e novelle intese.   40

E come ogni rosa ha le sue spine,

così la Vita che davanti si pone:

vince chi s'impegna senza un confine,

chi fermo s'accinge a costruzione.

Il Giglio osserva mesto e silente,   45

di tanto dolore conosce e sente:
ma qual porta si chiude al sentimento
che giunge inatteso col primo vento?

Lui s'erge forte a sua difesa,
di Rosa ha recato già lunga attesa. 50
Ma così incerta al passo è la Rosa
che d'altro non si cura, né si dà posa.

Ad ogni dì come la Stella Polare
Lui nel pensiero si finge sostare:
non freddo, o calcolatore, o santo, 55
ma saldo sì, d'un sentimento sicuro.

Il Giglio è sincero, umile e puro:
per animo sublime degno di vanto;
non ricco né per gloria ed aspetto,
del vero e onesto non ha dispetto. 60

Batte il suo petto d'un calore vivo,
anche se appare lontano e schivo.
Non teme il cuor giudizio alcuno,

salvo che d'esser ritenuto nessuno.

Questo è il quadro che ora appare   65
duro a vivere, vedere o narrare.
Da un piccolo seme nasce ogni cosa,
sia gran sentimento o tenera rosa.

Tu, o farfalla, reca questo racconto:
sulle piccole ali che ho adornato,   70
si stenda chiaro ogni mio canto:
facile e retto è il codice alato.

A Rosa che vive ora inclemente,
apri il cuore, distendi la mente;
apri il suo animo a tal conoscenza: 75
il Giglio l'attende nella sapienza.

NOTA AL TESTO

Questa è la seconda poesia del "Ciclo dei fiumi":
la ragazza di cui l'Autore è innamorato, vista

erroneamente a Vatra Dornei (nel componimento XI), è qui trasfigurata in una Rosa (v. 5), mentre l'Autore è il Giglio (v. 9; un riferimento indiretto sia alla purezza del sentimento che anche al fatto biografico del concepimento in terra di Francia, durante il viaggio di nozze dei propri genitori). La "mano straniera" è l'ex compagno della ragazza amata, che la stessa ha nel mentre lasciato (vv 21-24). L'Autore descrive la complessa situazione emotiva che si è creata.

XIII

La voce dei fiori

Bocca si tace e cuor dire non osa,

non tenta il mio verso o singola prosa:

magico inchiostro ora s'adopra

che a occhi indiscreti il vero copra;

linguaggio fatto di mille colori,   5

di natura figlio e ricco dei fiori.

Porgi gli occhi e lo sguardo attento,

malinconia getta via col vento:

tristo passato la memoria non vale;

piccolo passo, ma tu sei speciale.   10

Chi mesto va mirando all'indietro,

non vede colori, ma tutto è tetro.

Intingi l'animo in piccola rosa,

dolce tenera, di nuovo odorosa.

Singol petalo val come pensiero: 15

sola non sei, se vuoi davvero.

Ogni fiore è un inno e invito:

cogli l'attimo, nulla è definito.

In questo giorno pieno d'allegrezza

ritrova dentro te ogni certezza: 20

un fiore traduce un sentimento,

ma è come un seme in terra posto:

non dà il frutto a chi è disattento

o qual pietra ha cuore indisposto.

NOTA AL TESTO

Questa è la terza poesia del "Ciclo dei fiumi", inviata dall'Autore in omaggio alla ragazza amata con un mazzo di rose rosse (vv. 13-15).

XIV

Stella alpina

Presto a mutar

è il clima

là sulla cima.

Neve novella

è scesa la notte,   5

ed il candor

all'intorno

tace.

Ecco, un'aquila

lenta volteggia   10

su questa pace,

mentre il Sole

solerte si leva

e la brezza

annuncia

il nuovo mattino.   15

E là

orgogliosa

sull'irta roccia

s'offre

ondeggiando   20

una Stella Alpina.

Simbolo noto

delle alte mete,

è dono meditato

d'ogni milite   25

innamorato

a spose liete.

E tu principessa

dagli occhi lucenti,

che solitaria regni　　　　　　　　　*30*

dall'erta collina,

perdona:

il cuore la coglie,

ma mano non osa:

entrambe sementi　　　　　　　　　*35*

di bellezza maestosa,

un inno alla vita

e alla natura

buona

infinita.　　　　　　　　　　　　*40*

Nota al Testo

Questo componimento è il quarto del "Ciclo dei fiumi", ma rispetto agli altri ne fa parte per acquisizione ed ha una genesi sua propria.

Le prime quattro strofe risalgono infatti all'autunno 1996; perdute e ricostruite ex post da alcuni appunti ritrovati a gennaio 2012, hanno dato origine a due componimenti distinti e con registri e destinatari differenti.

Il primo componimento, costruito partendo dalle prime tre strofe, è stato integrato con nuove strofe personali, giocose ed encomiastiche, ed è stato completato a fine Maggio 2013 per il compleanno dell'amica Jessica M., in accompagnamento ad un regalo a tema alpino. Questa variante personalizzata non è qui riportata.

Il secondo componimento, di registro più romantico e sentimentale, è invece stato scritto e rielaborato e/o modificato in più riprese, ed inviato alla ragazza amata (vv. 28-30) in altro momento nella versione definitiva che è qui edita, ed è entrato quindi a far parte del "Ciclo".

XV

Aquile del Lagorai

Troneggia l'alba novella nel cielo,

un azzurro immenso e terso;

sui prati splende un fine velo

di pioggia nella notte disperso.

Il roseo sfondo del Lagorai   5

si erge dal verde mio natio,

come mano nel cielo ormai

che afferra il pensiero mio.

Due aquile volteggiano lente,

maestosi geometri alati,   10

quasi a cercar mio cuore e mente

perché siano loro consegnati.

Vorrei io su quell'ali volare,

colmare tempo e spazio da Lei:

il sorriso brioso ammirare,   15

gli occhi profondi qual perle di dei.

Aquile voi di regal lignaggio

cogliete da cima l'animo mio;

recateLe voi, dolce viaggio,

tutto il sentimento che nutro io.   20

Rapace saluto odo dall'alto,

colpo d'ali parte all'orizzonte:

il cuore mio si perde al salto,

già viaggia verso la mia fonte.

NOTA AL TESTO

Questo è il quinto componimento del "Ciclo dei fiumi", inviato dall'Autore via e-mail in omaggio alla ragazza amata: è stata composto in un paio di giorni tra le montagne del Primiero, comprensorio del Trentino orientale, dove l'Autore risiede periodicamente e dove è cresciuto durante l'infanzia (vv 5-6).

XVI

Timore e mistero

Così vicini e non potersi parlare,

e temere un saluto o lo sguardo;

ogni ora il suo cammino sfiorare

e non saper che natura ha il dardo.

Evitar gli sguardi per non arrossire   5

o tradire se stessi e quello che senti;

prosa o versi non valgono a dire

né a tradurre i propri sentimenti.

Quando l'unica gioia è vedere

che Lei esiste qual stella polare,   10

fa male al cuore il non sapere

cosa alberga nel suo viso solare.

Nuoce sempre incertezza o mistero,
animo spezza qual lama affilata:
non vi è soluzione che il solo vero: 15
che si armi la sua mano agognata.

Trepido cuore e mente orgogliosa
ogni sentenza attendono innati;
cada il ghiaccio di fronte a chi osa,
trovin risposta i cuori onorati.   20

NOTA AL TESTO

Questo è il sesto componimento del "Ciclo dei fiumi", inviato dall'Autore via e-mail in omaggio alla ragazza amata.

Il componimento è un invito alla stessa a chiarire la propria posizione di fronte al corteggiamento dell'Autore, che non ha certezze nel comportamento pur apparentemente cordiale e solare della stessa, ma

allo stesso tempo di una cordialità "distaccata", che fa
nascere dubbi e timori.

Sulle rive dell'Isarco

Cammino lento su questa bella riva,

raccolgo cocci del mio pensiero;

ai flutti d'Isarco lo sguardo arriva

mesto affronto disprezzo duro e vero.

Per mesi ho trattenuto mano e cuore,   5

straniera mano teneva la Rosa,

rispetto ho onorato senza rancore,

mesi amari senza attimo di posa.

Il Fato ha giocato con chi si dolse:

petali nuovi la Rosa ha disteso,   10

mano aliena, che per anni la colse,
scompare e giunge momento inatteso.

Era il mio cuore come un libro aperto,
sincero, onesto e senza malafede:
ogni sentimento avevo discoperto   15
come quando una diga piena cede.

Per settimane l'incontro, gaio onore,
m'allietano occhi e sorriso di Rosa:
ma un giorno ostile pugnala il cuore,
e con disprezzo m'assale senza posa.   20

Il mio libro getta qual spazzatura,
nessuna pagina è letta o compresa:
di ceto, censo, apparire si cura,
altezzosa sentenza mi è inattesa.

A te, o Isarco, consegno il cuore,   25
i cocci suoi, il vano sentimento.
Non lacrime verso in questo dolore,
perché merita solo oblio e vento.

Già son tre lustri nella città divisa,

che altro sentimento ho invano onorato: 30

anche allora mia natura fu invisa,

al Talvera dissi il mio tristo Fato.

Onestà e purezza dei sentimenti

contano nulla, hanno solo disprezzo:

altri valori onorano queste genti: 35

qual giudice, apparire è il solo mezzo.

Non sarò cavalier contro mulini,

Isarco t'invoco a testimone vero:

con orgoglio proseguo i destini,

negletto per un sentimento sincero.   40

Nota al Testo

Questo è il settimo e ultimo componimento del "Ciclo dei fiumi", dove l'Autore affronta lo scacco per la delusione sentimentale. I dubbi, già emersi nel componimento XVI, trovano ora dolorosa conferma.

Passeggiando lunga la riva dell'Isarco a Bolzano; l'Autore ripensa alla ragazza (altoatesina di Bolzano) amata e vanamente corteggiata, che lo ha inaspettatamente respinto con durezza, altezzosità e ostilità (vv. 19-24), senza neppure entrare nel merito della bontà dei sentimenti. Ed il dolore si fa più forte nel ricordare che già 15 anni prima un'altra ragazza, anch'essa di Bolzano (vv. 29-30), si era comportata in egual modo, ed in quel frangente era stato l'altro fiume, il Talvera (v. 32), testimone dello scacco.

XVIII

Pensieri dai Carpazi

Sibilo acuto mi coglie inatteso
mentre il cielo limpido soppeso,
aria pura mi sferza il viso
mentre di bimbo vedo il sorriso.

Pensieri da terra straniera   5
nei versi io fisso; e sincera
la penna scorre tra Daci solerti,
paghi mai e del fato incerti.

Terra ricca di boschi e di valli,
macchie di verde ad intervalli,   10

di pietra dura e monasteri,
preghiera abbondante e di ceri.

Volgi a oriente e meridione,
poi occidente e settentrione
non trovi angolo senza chiesa   15
del Signore dipinta ed estesa.

Che sia dura pietra o legno
del Signore ovunque hai segno;
e rocche irte di Stefan cel Mare
puoi ancor calpestare e mirare.   20

Scorre la Storia sui Carpazi
terra di scontro, di ponti e dazi;
mormora blu il Gran Fiume piano
eventi ignoti all'italiano.

O tu che ascolti questo mio canto   25
di pregiudizi non ti far vanto:
terra parca, la Dacia, ma vera
dove t'ingegni mattino e sera.

Gai si levan canti popolari,

e storie antiche ai focolari,   30

danzano tutti alle note belle,

tetto fa notte con le sue stelle.

Scorre la lingua ricca di storia

di Roma e Traiano figlia e memoria,

e melodiosa affonda nel cuore,   35

reca passione amore e dolore.

O Romania dall'albe lucenti

di tirannia memore e di stenti

il popol proteggi dall'avide menti,

da voti rotti e traditor di genti.   40

Decebalo scuote gli occhi cupi,

Traiano soffre irato dai lupi

che strappan bramosi misere vesti

a nascondere mano furbi e lesti.

Caccia gl'indegni servi fuori,   45 *o Romania innalza i colori:*

rossa d'onore, e gialla solare

blu nel cielo su terra d'amare.

NOTA AL TESTO

Questo componimento è stato scritto nel Maggio 2007 durante il soggiorno nella provincia di Vaslui (Romania).

L'occasione è un articolo di giornale sull'ennesimo scandalo locale, relativo ad un caso di corruzione a livello politico. L'Autore ripercorre con nostalgia alcuni aspetti del Paese, a lui caro, che più l'hanno colpito, tra cui i Carpazi ed il Danubio (vv 21-24), e richiamando alcuni personaggi storici, conclude con una esortazione che richiama i colori della bandiera nazionale (vv. 46-48).

XIX

Goccia di Drago

M'attardo nel villaggio globale

stanco e deluso dagli eventi:

vago senza meta ovunque vale,

feriti l'animo ed i sentimenti.

Come fantasma vaga la mia mano,   5

punta e clicca lenta in ogni dove:

leggo commenti in vago italiano,

chi lamenta o gioisce se piove.

Per caso accedo ad una collezione,

foto d'amica dall'arte marziale: 10

e stride all'occhio ogni azione,

col dolce garbo di cui certa vale.

Grande energia quivi traspare

occhio puro e sguardo determinato:

ogni atto è netto nel fare,   *15*

il colpo immediato e meditato.

In queste foto vedo una luce,

nel suo volto già esperto alla vita:

maestra all'arte i bimbi conduce,

infonde loro sicurezza infinita.   *20*

E mentre osservo ogni singolo scatto,

scherzosa ti chiami figlia del Drago;

ma gioco non è ogni tuo piccolo atto,

nell'arte nulla è vacuo e vago.

Tanta fermezza in chi pure ha sofferto,   *25*

mi rincuora e riempie d'ammirazione:

non devo cedere io all'incerto,

ma devo riprender cammino d'azione.

E mentre Lei al Drago s'inchina,

forma nuovi adepti alla sua via,   *30*

vorrei fosse attimo qui vicina,

rubarle goccia di tanta energia.

NOTA AL TESTO

Questo componimento, scritto a inizio Luglio 2013, è un componimento di "ringraziamento" indiretto; descrive la situazione autobiografica di un momento di tristezza dell'Autore per alcuni eventi inattesi e spiacevoli.

Per ingannare il tempo e cercare di distrarsi, inizia a navigare senza meta su Internet e Facebook (vv. 1-4): qui alla vista delle foto di una cara amica, Jessica M., esperta di arti marziali (vv. 10 e seg.), e dal ricordo della storia personale della stessa, l'Autore trae di nuovo stimoli e spunti positivi.

XX

La Sibilla bianca

Petalo ha bianco innocente

cuore d'un giallo puro intenso,

ondeggia nel prato e non mente

ad innamorati di ogni censo.

Chiede ogni cuor una risposta,   5

solo una margherita ne consente,

colta una volta non va riposta,

d'ogni amore conosce e sente.

Ogni uomo pien di sentimento

dell'amata le chiede notizia;   10

ogni donna di cuore intento

di lui s'affanna con questa Pizia.

Adombra gli uni, gioisce gli altri,

sibilla netta concede sentenza;

a nulla valgon giochini scaltri,   15

sincera e pura è sua essenza.

Ma tu che confidi nel sentimento

ricorda: non serve sibilla o saggio:

se non è solo soffio di vento,

sboccerà come una rosa di maggio.   20

NOTA AL TESTO

Questo componimento è stato scritto ad Agosto 2011, durante il soggiorno nelle valli del Primiero, comprensorio del Trentino orientale.

L'occasione dello stesso è offerta per caso, osservando alcuni ragazzi e ragazze forestieri che, passeggiando nei prati, si divertivano a cercare risposta

80

nei petali delle margherite circa il successo o meno dei propri amori giovanili, al rito di "m'ama, non m'ama...".

XXI

Le campane di San Martino

Il sole alto splende all'intorno
mentre scendo dall'auto bianca;
oggi è caldo come in un forno
e già la mia mano cade stanca.

Ecco, sento profumo del fieno   5
novello appena al sole disteso,
i campanacci dal batter pieno
d'ogni armento al pascolo proteso.

Gorgoglia Passirio alle spalle
mentre raccolgo tutti gli strumenti,   10

quand'ecco risuonar nella valle
i rintocchi di campane lucenti.

Memoria d'infanzia mi torna
quando il fieno con la cugina
portavo alla Bionda con le corna   15
che latte regalava alla mattina.

Tutta per noi era fresca panna,
nonna tirolese ci viziava;
un gusto che oggi non trovi a spanna,
nulla al tempo di buono mancava.   20

A mezza mattina c'era l'uovo,
quanti ne ho io freschi gustati:
un po' d'acqua e zucchero nuovo,
una sbattuta e via: ingoiati!

Voltato poi col nonno il fieno   25
già sentivi profumo dal fuoco;
polenta e formaggio fresco e pieno,
mano di nonna che sazia con poco.

Rivedo me e cugina giocare,

lanciarsi giù in competizione: 30

slitte le padelle per cucinare,

nostra pista un prato: che emozione!

A merenda lo strudel non mancava:

latte di mucca e una bella fetta,

fuori sulla panca si mangiava: 35

contenti nonna e nostra pancetta!

Prima della cena mucca e polli

erano tutti da far rientrare:

gli uni di libertà non satolli,

Bionda Monica lesta a tornare.   40

In stalla ora sentivi campanaccia

di Bionda Monica al foraggio,

mentre nonna lodando faticaccia

cena serviva, patate e formaggio.

A sera udivi poi la campana   45

fino al maso giungeva dal paese:

da Reganél tramonto si dipana

sul Lagorai alla luna del mese.

La campana dà l'ultimo rintocco,

a San Martino è già mezzogiorno: *50*

di tanti ricordi il cuor mi tocco,

d'infanzia a cui più non torno.

NOTA AL TESTO

Questo componimento è stato scritto ad Agosto 2009 dopo una trasferta per lavoro a San Martino in Passiria (BZ).

Il suono della campana della chiesa locale è l'occasione per un *flashback* nell'infanzia dell'Autore presso i nonni materni, a maso Reganél nella Valle del Vanoi, in Primiero, comprensorio del Trentino orientale. Il ricordo si estende ai giochi con la cugina

Donatella, la mucca Bionda Monica e tutto il contorno di vista agreste e semplice del tempo.

XXII

L'unione fa la forza

Entrò la stanza col cuore in mano
ma torvo il volto di Lei lo colse:
dure parole lo colpirono invano,
cadde la mano ed il cuor si dolse.

Ignota ira abbatte la speranza, 5
né Lei concede chiara ragione:
svanisce la gioia in quella stanza,
cupo sguardo e abito si oppone.

A nulla mano compone pensiero:
come fantasma si aggira intorno, 10

Lei non lo degna di sguardo sincero,
quasi a punire un ignoto scorno.

Di questa tristezza sono testimone,
e parole non ho che diano conforto:
non so dire qual migliore azione,   15
né chiarire un agire contorto.

Perché tu, fanciulla, così t'adombri?
Quale tremendo dolore ti affanna
che il suo cammino di dubbi ingombri?
Domande senza una risposta a spanna.   20

Tacer non aiuta né giova al raccolto:
qual fallo mai è stato commesso
perché torvo sia il tuo caro volto?
Parla e rivelaci ogni annesso.

Altro loro non posso consigliare: 25
fiducia e dialogo son come roccia
nel mare in tempesta di vita d'amare:
da forze unite ogni risultato sboccia.

NOTA AL TESTO

Questo componimento nasce nel Settembre 2007 durante una crisi sentimentale tra due cari amici.

L'Autore, richiesto di un consiglio dal giovane amico, ha inviato questo componimento via e-mail all'amica, per indurla a dialogare col partner afflitto e preoccupato dalla mancanza di risposte.

XXIII

Arcobaleno

Lento scende il mio treno da Merano,

terra natia della nonna materna,

mentre io ammiro, mappa alla mano,

bellezza e fortezze di terra fraterna.

Ed ecco, quasi alla curva di Terlano,   5

lì sullo sfondo nel plumbeo cielo,

come in volo al di sopra di Bolzano,

un arcobaleno si staglia a velo.

Doppia corolla nel cielo d'estate

corre come fuggendo allo sguardo,   10

quasi che le piccole magiche fate
ne temano cattura da infingardo.

Affondano gli occhi nei colori
che vividi si accendono al sole;
mi tuffo nei ricordi dei cuori   15
mentre penna già tinge cosa vuole.

Ecco il rosso di fragole alpine
belle succose e figlie di natura:
su mari non ne trovi ne su colline,
hanno sostanza dolce viva e pura.   20

Segue l'arancio dei tetti lontani,
là nel paesello d'Abruzzo paterno:
pascolano armenti sul Velino sani,
donne d'ogni casa curano interno.

Il giallo intenso vedo del limone,   25
profumo pulito che madre operosa
per ogni angolo di casa impone,
così come l'ordine di ogni cosa.

Ecco il verde dell'amato Vanoi
con gli alti suoi monti e prati: 30
questi ti mancano anche se non vuoi
se rimembri i tempi di bimbo passati.

Scorgo azzurro del cielo infinito
mentre al mare si congiunge increspato:
limpido e terso come in un mito,   35
viaggi sogno e mondo inesplorato.

Vedo il blu del mio primo lavoro
quando via per Mesiano salivo:
tuta stretta ma tenuta con decoro,
mentre ogni pezzo attento seguivo.   40

Un vivo ricordo dà ogni colore
mentre ritorno da terra tirolese;
ogni arcobaleno parla al cuore,
porta in vita emozioni inattese.

Nota al Testo

Questo componimento nasce nel Settembre 2006 durante un viaggio di ritorno da Merano in treno.

La vista dell'arcobaleno è un'occasione per l'Autore di *flashback*, nei ricordi e nelle emozioni legati ad alcuni momenti della vita dell'Autore: le Alpi e i suoi frutti, il Monte Velino e il paese di Massa D'Albe (AQ) alle sue pendici, la madre, la Valle del Vanoi (TN), il primo lavoro per pagarsi gli studi alla Facoltà di Ingegneria a Mesiano (TN).

XXIV

Grande Capo Bianco

Sguardo severo e indomita al male,

il mondo osservi tu silenziosa:

tu nonna inclemente con chi non vale,

chi merita premi sempre generosa.

Tu figlia della gioventù meranese,   5

hai conosciuto guerre ed il mondo;

orgogliosa mente e madre tirolese,

hai rispetto per tutti nel profondo.

Piccola donna dal capello bianco,

tutti in riga metti senza paura: 10

ed anche ora nel tuo corpo stanco,
rifulge energia e vita pura.

Cinque generazioni hai guidato,
che da tuo seme hanno linfa tratto:
per ognuno saggezza hai indicato,   *15*
non tutti ne hanno memoria fatto.

Neppure al passo infermo ti arrendi,
piglio deciso e saldo bastone,
tutto tu controlli, curi o difendi:
nulla ti ferma, neve o acquazzone.   *20*

E mentre io giungo da trentini lidi,
ancora ti vedo, bastone al fianco,
mentre al lieto annuncio sorridi:
"salute a te, Grande Capo Bianco!".

Questo componimento è stato scritto tra la fine di Settembre ed inizio Ottobre del 2003, poche settimane prima della morte della nonna materna dell'Autore presso la Casa di Riposo di Canal San Bovo (TN).

Il componimento biografico ricorda alcuni aspetti salienti della vita della anziana nonna sudtirolese, ed il rapporto speciale con l'Autore (v. 23-24).

Ognissanti

Salgo la scaletta, passo il cancello
entro ogni volta col mio fardello.
Mazzi di fiori e candele rosse
adorno ai cari silente le fosse.

Qui a fianco, là sulla mia destra   5
marmo a cuore e rosea finestra,
riposa, giovane partita, Graziosa,
zia indomita al male e generosa.

Risalgo il bianco spoglio sentiero
tra tombe note e qualche nuovo vero: 10

s'affolla sempre la lista delle croci,
per ogni nuova si spengono voci.

Là, sulla sinistra, in marmo bianco
cugino che mai ebbi al fianco,
Raffaele silenzioso vi giace: 15
occhi vivi che fan torto alla pace.

Mi volto e vedo ancor piccolo ferro,
cinto di legno che tiene l'interro:
nome fugace di bimbo mai nato,
da tempo ormai giace dimenticato.   20

Da quando servivo al fianco d'altare
ho visto quel ferro grigio svettare:
più volte mia mano n'ebbe pia cura,
pose fior sulla terra spoglia dura.

Avanzo al marmo che si staglia tetro,   25
che abbraccia i miei nonni là dietro.
Le foto entrambe riapron la memoria,
troppo è dolore a dirvi mia storia.

Lui Alpino, lei buona orgogliosa:

su marmo con lacrime mano si posa.   30

Non crisantemo o altro pio fiore

può colmare il vuoto del cuore.

Zio Pietro riposa qui con loro,

animo pio e indefesso al lavoro.

Giovane e forte li ha preceduti,   35

nè io e lui ci siamo conosciuti.

Si posa il fiore, si posa candela,

dietro ogni petalo vita si cela,

dietro ogni luce s'è spento un cuore:

parente o amico, o un grande amore.   40

E in questo giorno a loro dedicato

ognuno vuol coglier un filo spezzato:

piccolo gesto in mondo indifferente,

per far torto a Morte e Oblio di mente.

Questo componimento è stato completato a Novembre 2010 in occasione della festa di commemorazione dei defunti, con relativa messa celebrata nel piccolo cimitero di Caoria (TN).

Anche in questo componimento sono ripresi temi autobiografici: la zia Graziosa, il cugino Raffaele morto prematuramente, la vicina tomba anonima di un altro bimbo, i nonni materni e lo zio Pietro mai conosciuto (essendo morto quest'ultimo prima della nascita dell'Autore).

XXVI

Mos Craciun

Oriunde Mos Craciun sa duce

mare sanie repede conduce;

peste munti si vai a calatorit

din Arad la Vaslui a venit.

Multi copii a deja vizitat

care bucurosi au toti cintat

"Bun An Nou si Craciun Fericit"

Traduzione:
Babbo Natale
Ovunque Babbo Natale s'adduce | veloce la grande slitta conduce; | per monti e valli ha viaggiato | da Arad fino a Vaslui è arrivato. | | Molti

fanciulli ha già visitato | che felici hanno tutti cantato | "Buon Anno Nuovo e Felice Natale".

NOTA AL TESTO

Scritta in rumeno a inizio Dicembre 2011, come dedica personalizzata per alcuni biglietti di auguri inviati ad amici in Romania.

XXVII

Buon Natale

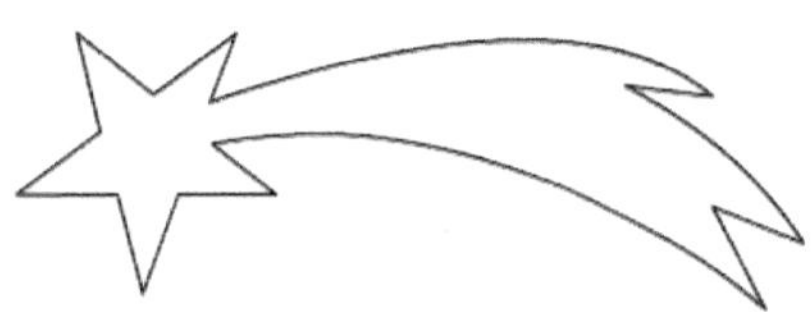

In una buia capanna

sotto il cielo stellato

un'insolita culla

tacita attende

un Immenso fardello   5

Mentre Maria

solerte s'appresta

e Giuseppe,

pur stanco,

dal sonno si desta,   10

pronti son già

il bigio asinello

ed il bue silenzioso;

insoliti paggi

per un Re   15

'sì grande.

E già in Cielo

su comete filanti

calvalcan numerose

le Angeliche schiere,   20

gioiose intonando

dal profondo del cuore

un augurio di festa,

di pace e d'amore.

Buon Natale   25

Nota al Testo

Questo componimento è stato scritto il 14 Dicembre del 1994, come dedica per alcuni biglietti di auguri personalizzati, inviati a parenti ed amici dell'Autore in occasione delle feste natalizie.

Note biografiche

 Damiano Martorelli nasce a Feltre (BL) nel 1972. Laureato con Lode in Ingegneria, laureando in Lettere Moderne, dopo aver ricoperto vari ruoli direzionali in diverse Aziende, è ora titolare di un proprio Studio di Consulenza e si occupa attualmente di consulenza organizzativa in ambito Aziendale e di Project & Process Management in diversi ambiti, sia industriali che bancario/finanziari; ha inoltre una specializzazione e certificazione internazionale in ambito di gestione e consulenza finanziaria.

Nel tempo libero, oltre a svolgere volontariato, si dedica ai suoi interessi storici ed archeologici, alla fotografia amatoriale e, occasionalmente, alla poesia.

Finito di stampare nel mese di Gennaio 2014
per conto di Youcanprint *Self - Publishing*